AF310042

MÉMOIRES

DE

JEAN WOOLMAN,

EXTRAITS PRINCIPALEMENT

D'UN JOURNAL DE SA VIE

ET

DE SES VOYAGES.

PARIS,

TYPOGRAPHIE DE FIRMIN DIDOT FRÈRES,

RUE JACOB, Nº 56.

1844.

MÉMOIRES

DE

JEAN WOOLMAN.

« Seigneur, y en aura-t-il peu de sauvés[*] ? »
Lorsque l'on fit cette demande au Rédempteur du
genre humain, sa réponse tendit moins à satisfaire la curiosité de ceux qui l'écoutoient qu'à
réveiller leur vigilance : « Faites effort, dit-il,
pour entrer par la porte étroite; car je vous as-
sure que plusieurs chercheront à entrer et ne le
pourront. » Il se mit ensuite à avertir les Juifs du
danger que, nonobstant leurs hautes prétentions,
ils couroient d'être rejetés comme « faisant des
œuvres d'iniquité; » et il donna à entendre clai-
rement que les Gentils se soumettroient plus volontiers : « Il en viendra d'orient et d'occident,
du septentrion et du midi, qui auront place au
festin dans le royaume de Dieu; ceux qui sont
les derniers seront alors les premiers, et ceux qui
sont les premiers seront les derniers. » Le nombre
de ceux qui, d'âge en âge, obéissent en esprit à
la voix du Christ[**], et qui deviennent ses serviteurs choisis et fidèles, est en effet comparative-
ment petit. Cependant son Église, comme nous
avons tout lieu d'en être assurés, formera à la fin
« une grande multitude que personne ne pourra
compter, de toute nation, de toute tribu, de
tout peuple et de toute langue, qui se tiendront

---

[*] Luc. xiii. 23-30.　　　[**] Apoc. iii, 20-22.

devant le trône et devant l'Agneau, vêtus de robes blanches avec des palmes dans leurs mains, et attribuant leur salut à Dieu et à l'Agneau *. »

Si, d'après ces principes nous apprécions le caractère de ceux qui font profession du christianisme, nous aurons souvent lieu de porter un jugement différent de celui de la multitude. D'un côté, les prétentions les plus spécieuses, qui ne sont pas fondées sur l'opération de Jésus-Christ dans le cœur, cesseront de l'emporter avec nous ; de l'autre, une dissidence de secte ou de doctrine, « de tribu ou de langue, » dans un homme qui a de la foi, quoiqu'il ait des opinions différentes des nôtres, si sa foi est bien prouvée par ses œuvres, ne nous empêchera point de le mettre au nombre de ceux que l'Agneau a conduits à la victoire. Le peu de cas qu'il fait de lui-même ne sera pas non plus pour nous la mesure de son mérite réel, puisqu'il y en a qui, à en juger par l'apparence, et même à leurs propres yeux, sont des derniers ici-bas sur la terre, mais qui seront avec les premiers dans le royaume éternel.

Jean Woolman, sujet de ces mémoires, habitoit l'Amérique septentrionale, et étoit membre de la société des Amis, appelés communément Quakers. Il fut un exemple brillant de pureté et d'humilité de cœur, un ministre prêchant la justice qui vient de la foi, et un de ceux qui travaillèrent les premiers, et avec le plus d'ardeur, à ouvrir les yeux du genre humain sur cette complication d'injustice et de cruauté qui résulte de l'esclavage des nègres, aussi bien que du trafic infâme qui en fournit les victimes. Ceux qui aiment la miséricorde, et qui se sont réjouis de voir les chrétiens lavés, jusqu'à un certain point, du sanglant reproche que l'on pouvoit leur faire à ce

---

* Apoc. vii, 9, 10.

sujet, trouveront sans doute intéressant que l'on trace la manière progressive dont s'est formé le caractère de cet avocat de la miséricorde; et, après avoir connu quelques-unes de ses opinions et de ses actions, de le contempler dans sa retraite humble et paisible, rempli de paix et orné d'humilité dans ses derniers moments.

Le compte qu'il rend de ce qui le regarde commence ainsi : « J'ai souvent senti un mouvement d'amour qui me portoit à laisser par écrit quelques idées sur la bonté de Dieu à mon égard, et à présent, parvenu à ma trente-sixième année, je commence cet ouvrage.

Je naquis à Northampton, dans le comté de Burlington, Jersey occidental, en 1720, et avant l'âge de sept ans, je commençai à connoître les opérations de l'amour divin. Mes parents eurent le soin de me faire apprendre à lire dès que j'en fus capable; et un certain jour, comme je revenois de l'école, tandis que mes compagnons allèrent jouer sur le chemin, je me souviens que j'allai toujours en avant, et que, les ayant perdus de vue, je m'assis et lus le 22e chapitre de l'Apocalypse : « Là je vis un fleuve pur d'eau vive, claire comme du cristal, qui sortoit du trône de Dieu et de l'Agneau, etc. ; » et, en le lisant, mon esprit fut porté à chercher cette céleste demeure que Dieu, comme je le croyois dès lors, avoit préparée pour ses serviteurs. La douceur dont mon esprit fut rempli me reste encore fraîche dans la mémoire, ainsi que l'endroit où j'étois assis. Cet événement, et d'autres inspirations pareilles de la grâce, firent sur moi cet effet, que si les petits garçons se servoient de mots profanes, j'en étois affligé; et par une miséricorde continuelle de Dieu, je n'étois pas porté à les imiter.

Les instructions pieuses de mes parents me revenoient souvent dans l'esprit, quand je me trouvois parmi de méchants enfants, et m'étoient d'un grand service. Mes parents, qui avoient une nombreuse famille, étoient dans l'habitude, tous les premiers jours de la semaine, après avoir été à l'assemblée, de nous faire lire l'un après l'autre, les saintes Écritures, ou quelques bons livres de piété, tous les autres restant assis et en silence; ce que j'ai toujours considéré depuis comme une excellente coutume. Ce que j'avois lu et entendu dire me fit croire qu'autrefois il y avoit des gens qui marchoient dans la droiture devant Dieu d'une manière infiniment supérieure à celle d'aucune personne de nos jours que je connusse ou qu'on pût citer : et l'appréhension qu'il n'y eût, parmi les gens de nos jours, moins de constance et de fermeté que par le passé, m'affligea souvent dans mon enfance.

Une chose remarquable alors est qu'une fois allant en commission chez un voisin, je vis, sur le chemin un rouge-gorge posé sur son nid; m'en étant approché, il s'envola; mais comme il avoit des petits, il ne s'écarta pas, et, en poussant plusieurs cris, il fit voir l'intérêt qu'il prenoit à sa couvée. Je m'arrêtai et lui jetai des pierres; une à la fin l'atteignit, et il tomba roide mort. Je fus d'abord très-satisfait de mon exploit; mais au bout de quelques minutes je fus saisi d'horreur d'avoir tué en m'amusant une créature innocente qui prenoit tant de soin de ses petits. Je la contemplai morte, et je pensai que ces petits, pour lesquels elle montroit tant d'intérêt, ne pouvoient manquer de périr, faute de la mère qui pourvoyoit à leurs besoins; et après quelques réflexions douloureuses sur ce sujet, je pris le parti de grimper sur l'arbre, de prendre les petits et de les tuer, croyant mieux faire que de les laisser languir et mourir misérablement. Je me ressouvins alors, en me l'appliquant à moi-même, de ce proverbe de l'Écriture : « La pitié même du méchant est cruelle. » Je poursuivis mon chemin, et m'acquittai de mon message; mais, pendant quelques heures, je ne pus penser à nulle autre chose qu'aux cruautés que j'avois commises, et j'étois dans une grande affliction. C'est ainsi que celui dont les tendres miséricordes s'étendent sur tous ses ouvrages a placé, dans l'esprit humain, un principe qui le porte à user de bonté envers tout être vivant : quand on ne s'écarte point de ce principe, on sent son cœur devenir tendre et sympathisant; mais quand, à force de repousser ce principe, on le rejette totalement, l'esprit alors se resserre, et on finit par se trouver dans une disposition tout à fait contraire à la bienfaisance.

Comme j'approchois de ma douzième année, ma mère, en l'absence de mon père, me reprit de quelque sottise, et je lui fis une réponse peu respectueuse. Le premier jour de la semaine suivante, comme je revenois de l'assemblée avec mon père, il me dit qu'on lui avoit donné à entendre que je m'étois mal comporté envers ma mère, et il me conseilla d'être plus attentif à l'avenir. Je savois bien que j'avois tort, et, rempli de honte et de confusion, je gardai le silence. Cette réprimande me fit sentir ma faute, et je fus pénétré de remords : en arrivant au logis, je me retirai seul, et priai le Seigneur de me pardonner; je ne me souviens pas que, depuis ce moment, j'aie jamais répondu impertinemment à mon père ou à ma mère, tout étourdi que j'étois à d'autres égards.

Ayant atteint l'âge de seize ans, je commençai à aimer les compagnies gaies ; et quoique je ne fusse point adonné à un langage libre ni à une conduite scandaleuse, cependant j'aperçus qu'il y avoit en moi une plante qui produisoit de mauvais fruits; mais Dieu, ce père plein de miséricorde, ne m'abandonna pas entièrement; et de temps à autre, par un effet de sa grâce, il me porta à considérer sérieusement la vie que je menois. La vue de mes erreurs me remplit de chagrin; mais, faute d'apporter une attention convenable aux reproches et aux instructions, j'ajoutai vanité sur vanité et repentir sur repentir. Enfin, mon esprit s'écarta de plus en plus de la vérité, et je marchois à grands pas vers ma ruine. En méditant ainsi sur le gouffre vers lequel je m'avançois, et en réfléchissant sur les égarements de ma jeunesse, mes yeux se remplissent de larmes.

Comme j'avançois en âge, le nombre de mes connoissances s'augmenta, et le temps de ma jeunesse en devint plus difficile à passer d'une manière irréprochable. Quoique j'eusse trouvé du soulagement à lire les saintes Écritures, et à penser aux choses de Dieu, j'en étois alors détourné; je savois que je m'écartois du troupeau du Christ, et je n'avois pas la force d'y retourner; de là les réflexions sérieuses m'étoient à charge, les vanités et les amusements de la jeunesse faisoient mes plus grands plaisirs. Je trouvai beaucoup d'autres jeunes gens comme moi qui suivoient cette carrière, nous nous associâmes, et nous formâmes ce qu'on peut appeler le contraire de la véritable amitié.

Mais sur cette pente rapide il plut à Dieu de m'arrêter en m'envoyant une maladie si sérieuse que je ne croyois pas en revenir. Les ténèbres, l'horreur et l'étonnement me saisirent alors dans toute leur force, même au milieu de mes plus grandes souffrances. Je pensai qu'il auroit mieux valu pour moi de n'être jamais né, que de voir le jour qui se présentoit devant moi. J'étois rempli de confusion; et, dans la plus grande peine et d'esprit et de corps, je me couchai et me lamentai. Je n'osois élever mes cris vers Dieu que j'avois si fort offensé; mais, pénétré d'un sentiment profond de mes folies, je m'humiliai devant lui; et, à la fin, cette parole qui est comme un feu et un marteau brisa mon cœur rebelle et le fondit; je poussai alors les cris de la contrition; la multitude de ses miséricordes me donna un soulagement intérieur, et je sentis se former en moi un engagement secret de marcher humblement devant lui, s'il lui plaisoit de me rendre la santé.

Après ma guérison je continuai à me livrer à cet exercice pendant un temps considérable; mais cédant par degrés aux vanités de la jeunesse, elles gagnèrent de la force, et, me joignant à des jeunes gens dissipés, je retombai. Le Seigneur m'avoit singulièrement favorisé : il m'avoit donné la paix dans le temps de ma détresse, et à présent, pour comble d'ingratitude, je retournois à mes folies; ce qui, de temps à autre, me faisoit éprouver de cuisants remords. Je n'étois pas assez endurci pour me livrer à des actions scandaleuses; mais ma principale étude étoit de me distinguer par mes folies et d'exciter la gaieté. Je conservois néanmoins de l'attachement pour les gens pieux, et leur compagnie m'imposoit. Mes chers parents me rappelèrent plusieurs fois à la crainte du Seigneur; leurs avis me pénétroient le cœur et y faisoient un bon effet pendant un temps, mais, n'entrant pas assez avant pour me faire prier comme je l'aurois dû, le tentateur, quand il se représenta, y trouva facilement place. Je me souviens qu'une fois, ayant passé une partie de la journée à me divertir, le soir, quand j'allai me coucher, je trouvai sur une fenêtre auprès de mon lit une Bible que j'ouvris, et mes yeux tombèrent d'abord sur ce passage : « Nous nous couchons avec notre honte, et notre confusion nous sert de couverture. » Je savois que c'étoit là mon état; cette réprimanda si inattendue me frappa vivement, et je me mis au lit, la conscience pleine de remords; mais ils se dissipèrent bientôt.

Ainsi se passoit le temps : mon cœur étoit au comble de la joie et de la folie; mon imagination se repaissoit d'agréables scènes de vanité. J'atteignis enfin l'âge de dix-huit ans. Vers ce temps-là je sentis dans mon âme les jugements de Dieu,

semblables à un feu dévorant; et, jetant un regard
sur ma vie passée, la vue m'en fut très-affligeante.
J'étois souvent triste, et il me tardoit d'être délivré de ces vanités; mais mon cœur y étoit encore
fortement porté, ce qui occasionnoit au dedans
de moi un combat opiniâtre; quelquefois je
retournois à ma vie dissipée, puis le chagrin et la
confusion se saisissoient de moi; d'autres fois je
formois une ferme résolution d'abandonner quelques-unes de mes habitudes vicieuses; mais il y
avoit une secrète réserve dans mon cœur qui en
conservoit la partie la plus raffinée : je n'étois pas
assez abattu pour trouver la véritable paix. C'est
ainsi que pendant quelques mois j'éprouvai de
grands embarras, parce qu'il restoit en moi une
volonté rebelle qui rendoit mes efforts inutiles,
jusqu'à ce qu'enfin, par une miséricorde constante
du ciel, je fus abattu en esprit devant le Seigneur.
Je me souviens qu'un soir, après avoir passé quelque temps à lire un ouvrage de piété, et me
promenant seul, je priai humblement le Seigneur
de venir à mon secours, afin que je pusse être
délivré de toutes ces vanités qui m'avoient tant
séduit : me voyant abattu, il m'aida; et, comme
j'apprenois à porter la croix, je me sentis rafraîchi
par sa présence; mais ne conservant pas cette
force qui donne la victoire, je retombai encore.
Le sentiment que j'en eus m'affecta beaucoup;
je cherchai les déserts et les lieux écartés; là,
les larmes aux yeux, je confessai mes péchés devant Dieu, et j'implorai humblement son secours.
Je puis dire avec gratitude qu'il étoit près de
moi au milieu de mes peines, et que, dans ces
moments d'humiliation, il m'ouvroit les oreilles
et me disposoit à écouter l'instruction. Je fus
alors porté à considérer sérieusement les moyens
par lesquels j'avois été écarté de la vérité pure,
et j'appris que si je voulois mener la vie que mè-
nent les fidèles serviteurs de Dieu, je ne devois

pas, comme par le passé, aller dans des sociétés de mon propre choix, et que toutes les impulsions des sens doivent être gouvernées par un divin principe. Dans les temps d'affliction et d'abattement, je portois ces instructions scellées sur moi, et je sentois que le pouvoir du Christ domptoit mes propres désirs, de sorte que je conservois presque toute ma constance; par là, quoique jeune, mais croyant alors que le célibat étoit le genre de vie qui me convenoit le mieux, j'eus assez de force pour abandonner ces sociétés qui m'avoient si souvent fait tomber dans le piége.

Je me rendis constamment aux assemblées, et les après-midi du premier jour de la semaine, je les passai principalement à lire les saintes Écritures ou quelque autre bon livre. Mon esprit fut bientôt convaincu que la vraie religion consiste dans une vie intérieure, dans laquelle le cœur aime et révère Dieu le Créateur, et apprend à être véritablement juste et bon, non-seulement envers tous les hommes, mais encore envers les animaux; — que comme l'esprit est porté par un principe intérieur à aimer Dieu, cet Être invisible et incompréhensible, il est porté par le même principe à l'aimer dans toutes ses œuvres, que ce monde visible nous offre; — que comme son souffle allume la flamme de la vie dans toute créature sensible, dire qu'on aime Dieu, et en même temps être cruel envers la plus petite créature, c'est une contradiction manifeste.

Je ne trouvai en moi aucune petitesse d'esprit à l'égard des sectes et des opinions; mais j'étois intimement persuadé que, dans quelque société que ce soit, ceux dont le cœur est droit et sincère, s'ils aiment véritablement Dieu, lui sont agréables.

Jusque-là j'avois vécu dans la maison paternelle et travaillé à la ferme. Comme j'avois fait à l'école assez de progrès pour un planteur, je m'étois occupé à me perfectionner pendant les soirées d'hiver, et dans d'autres moments de loisir. J'étois entré dans ma vingt-et-unième année, lorsqu'un homme qui avoit beaucoup d'affaires dans son commerce, et qui faisoit le métier de boulanger, me demanda si je voulois m'engager avec lui pour avoir soin de sa maison et tenir ses livres. Je fis part à mon père de cette proposition; et, après avoir délibéré quelque temps, il fut convenu que je l'accepterois.

A la maison j'avois vécu retiré; mais alors, me trouvant dans le cas de voir beaucoup plus de monde, je sentis fréquemment s'élever dans mon cœur de ferventes prières à Dieu, le Père des miséricordes, pour qu'il daignât me préserver de toute corruption, afin que, dans ce nouvel emploi où j'allois être plus en vue, je pusse le servir, lui mon divin Rédempteur, avec cette humilité et cette abnégation dont j'avois, à un certain degré, déjà pris l'habitude dans la vie privée. L'homme qui m'employoit monta un établissement à Mount-Holly, à cinq milles environ de la maison de mon père et à six milles de la sienne; j'y demeurai seul, et fus chargé du soin de la boutique. Peu de temps après mon installation dans cet endroit, j'eus la visite de plusieurs jeunes gens, mes anciennes connoissances, qui s'imaginoient que nos anciennes folies me seroient aussi agréables que par le passé. Je m'adressai alors au Seigneur en secret, et le priai de me donner la sagesse et la force, car je me sentois entouré de difficultés, et c'étoit pour moi une nouvelle occasion de pleurer sur l'emploi du temps où j'avois contracté une si grande familiarité avec des libertins. Je venois de quitter la maison paternelle; mais mon Père céleste eut compassion de moi plus que je puis l'exprimer.

Au bout de quelque temps, mes anciennes connoissances renoncèrent à l'espérance de me voir rentrer dans leur compagnie, et je commençai à me faire connoître de quelques autres personnes dont la conversation me fut utile. Alors, ayant éprouvé que l'amour de Dieu par Jésus-Christ m'avoit lavé de plusieurs souillures, et soutenu comme dans une mer orageuse où j'avois livré bien des combats dont personne n'avoit connoissance, et que mon cœur se soumettoit à ce divin principe, je me sentis animé d'une tendre compassion pour la jeunesse qui restoit engagée dans des filets pareils à ceux où moi-même, tant de fois, j'avois été pris. Cet amour et cette tendresse augmentèrent, et mon esprit fut plus fortement engagé à faire le bien de mes semblables. J'allois aux assemblées dans une disposition d'esprit très-sérieuse, et je tàchois de connoître intérieurement quel étoit le langage du véritable Berger. Un jour, m'y trouvant fort engagé en esprit, je me levai et dis quelques mots; mais ne me bornant pas strictement à ce que l'Esprit divin m'inspiroit, j'en dis plus qu'il ne demandoit de moi. Bientôt je m'aperçus de mon erreur. Pendant quelques semaines je fus très-affligé, mon esprit ne recevant ni lumière ni consolation; et ce fut au point que je ne pouvois prendre plaisir à rien. Je me ressouvins de Dieu, et je souffrois beaucoup; mais, dans l'abîme de ma détresse, il eut pitié de moi et m'envoya le Consolateur. Je sentis alors qu'il m'avoit pardonné mon offense; mon esprit redevint calme et tranquille; je remerciai sincèrement de ses miséricordes mon divin Rédempteur, et ensuite, sentant s'ouvrir la source de l'amour divin, et ayant occasion de parler, je me levai dans une assemblée, et dis quelques mots dont je tirai un vrai contentement; cela m'arriva, je crois, six semaines après mon premier essai. Comme j'avois été humilié, et par là instruit à porter ma croix, mon esprit en devint plus sûr pour discerner les impulsions de cette intelligence pure qui agit intérieurement sur le cœur, et qui m'apprit à attendre en silence quelquefois des semaines entières, que je sentisse cette influence divine qui prépare l'homme à cet acte solennel.

D'une pureté intérieure dans laquelle on persiste avec fermeté émane un vif désir d'opérer le bien des autres. Tous les fidèles ne sont pas appelés à parler en public ; mais ceux qui le sont doivent faire part de ce qu'ils ont goûté, et, pour ainsi dire, palpé spirituellement. Le culte peut être varié et différent à l'extérieur; mais partout où se trouvent de vrais ministres de Jésus-Christ, ils sont tels par l'opération de son Esprit sur leurs cœurs qui les purifie premièrement, et par là leur fait connoître au juste la condition des autres.

Cette vérité se fixa de bonne heure dans mon esprit; elle m'apprit à suivre la pure révélation de l'Esprit, et à prendre garde, lorsque je me tenois debout pour parler, que ma propre volonté, gagnant le dessus, ne me fît employer le style de la sagesse mondaine, et par là quitter la marche d'un véritable ministre de l'Évangile.

Dans la conduite de mes affaires extérieures, je puis dire avec reconnoissance que la vérité fut mon soutien, et que j'étois considéré dans la famille de mon maître, qui vint lui-même demeurer à Mount-Holly, environ deux ans après que j'y fus venu.

Vers la vingt-troisième année de mon âge, les conceptions les plus vives de la providence du Tout-Puissant, et du soin qu'il prend de ses créatures en général, mais en particulier de l'homme, qui est la plus noble de celles qui sont visibles, ces conceptions me furent divinement accordées. Convaincu en moi-même, d'après ces méditations, que mettre toute ma confiance en Dieu étoit essentiel à mon bonheur, je me sentis porté à renouveler l'engagement de n'agir en toute chose que d'après un principe intérieur de vertu, et de ne poursuivre les affaires de ce monde qu'autant que la vérité m'en frayeroit le chemin.

L'homme qui m'employoit avoit une négresse qu'il vendit. Il me dit d'en faire la facture, parce que celui qui l'avoit achetée attendoit après. L'affaire ne me laissoit guère le temps de la réflexion; et quoique la pensée d'écrire un acte d'esclavage pour un de mes semblables me répugnât, cependant je me souvins que j'étois engagé à l'année, que c'étoit mon maître qui me l'ordonnoit, et que c'étoit un homme d'un certain âge, un membre de notre société (celle des Amis) qui l'achetoit; ainsi, par foiblesse, je cédai et j'écrivis l'acte; mais, en l'exécutant, j'avois l'esprit si affligé que je ne pus m'empêcher de dire devant mon maître et l'acheteur que je croyois la pratique d'avoir des esclaves incompatible avec la religion chrétienne. Cette réflexion diminua un peu mon malaise; mais, en y réfléchissant sérieusement, je pensai que j'aurois mieux fait mon devoir en demandant d'être dispensé de faire une chose contre ma conscience, comme effectivement l'étoit celle-là. Quelque temps après, un jeune homme de notre société, qui avoit pris depuis peu une négresse dans sa maison, me pria de lui écrire l'acte de vente d'une esclave. Je lui dis qu'il me répugnoit de l'écrire ; car, quoique plusieurs membres de notre assemblée, ainsi que dans d'autres endroits, eussent des esclaves, je persistois à croire que c'étoit une pratique criminelle, et je le priai de m'excuser. Je lui parlai à bonne intention ; il me répondit qu'il ne lui étoit pas autrement agréable d'avoir des esclaves, mais que celle-ci étant un présent fait à sa femme, il n'avoit guère pu la refuser. »

Vers ce temps-là, Jean Woolman avoit commencé à voyager, pour avoir occasion d'exercer son talent comme ministre; et dans le compte qu'il rend d'une de ses tournées, qu'il fit accompagné d'un ami, on trouve les remarques suivantes :

« Nous quittâmes notre province le douzième jour du troisième mois de l'année 1746, et nous eûmes plusieurs assemblées dans la partie supérieure de Chester et auprès de Lancaster, dans quelques-unes desquelles l'amour du Christ prévalut, nous unissant ensemble pour son service. Puis nous passâmes la rivière Susquehannah, et nous eûmes plusieurs assemblées dans un des nouveaux établissements appelées les Terres-Rouges, dont le plus ancien, à ce qu'on me dit, s'étoit fait depuis dix ans. C'est la classe du peuple la plus pauvre qui commence communément à cultiver les déserts éloignés. Avec peu de fonds devant eux, les défricheurs ont des bâtiments à construire, des landes a nettoyer et à enclore, du grain à semer, des hardes à se procurer et des enfants à élever. Les Amis qui les visitent ne peuvent que sympathiser avec eux, en considérant leur fatigue dans ces déserts. Quoique le meilleur repas qu'ils puissent donner doive paraître grossier à des gens accoutumés à vivre dans des villes ou dans des habitations établies de longue main, il convient à des disciples du Christ de s'en contenter. Parmi eux nos cœurs s'épanchèrent quelquefois dans l'amour de notre Père céleste, et la douce influence de son Esprit nous soutint à travers quelques difficultés. A lui en soit la gloire.

Je fis dans cette tournée deux observations importantes. La première à l'égard de mon entretien. Quand je mangeois, buvois et étois logé pour rien chez des gens qui vivoient dans l'aisance du travail pénible de leurs esclaves, je sentois un certain malaise, j'étois toujours inquiet; et comme intérieurement mon esprit étoit au Seigneur, je trouvai, de station en station, que ce malaise me reprenoit, quelquefois même durant toute la visite. Dans les endroits où les maîtres portoient une bonne portion du fardeau et vivoient frugalement, de sorte que leurs serviteurs étoient bien pourvus et que leur travail étoit modéré, je me sentois plus à l'aise ; mais dans les lieux où les maîtres vivoient à grand frais, et faisoient tomber toute la charge sur leurs esclaves, mon agitation étoit souvent très-grande, et j'eus à cet égard de fréquentes conversations avec les maîtres en particulier. Ma seconde observation fut au sujet de la traite des nègres que l'on arrache de leur pays. Ce trafic d'esclaves, trop encouragé par les colons de l'Amérique, pendant que les blancs et leurs enfants vivent généralement exempts de presque aucun genre de travail, fut fréquemment le sujet de mes pensées les plus sérieuses. Je vis en outre dans ces provinces méridionales tant de corruption et tant de vices augmentés par ce trafic et par cette manière de vivre, qu'il me sembla voir un nuage sombre couvrir le pays ; et quoique aujourd'hui plusieurs y courent avec empressement pour s'y établir, cependant, à l'avenir, les suites en seront funestes à la postérité. Je dis cela comme il m'a paru, non une fois ni deux fois, mais comme une chose arrêtée dans mon esprit. »

En 1753, voici ce que rapporte Jean Woolman :

« Vers ce temps-là, un habitant qui demeuroit à quelque distance de chez moi étant malade, son frère vint me trouver pour écrire son testament. Je savois qu'il avoit des esclaves. J'en parlai à son frère, qui me dit que son intention étoit de les laisser comme esclaves à ses enfants. Comme la rédaction de ces sortes d'actes est un emploi honorable, et qu'il est contre mon inclination d'offenser des gens de bon sens, je me trouvai d'abord embarrassé ; mais m'adressant au Seigneur, il disposa mon cœur à lui rendre témoignage. Je dis donc à l'homme que je regardois la prolongation de l'esclavage des nègres comme une injustice, et que je me faisois scrupule d'écrire des actes de ce genre; que plusieurs membres de notre société les gardoient, il est vrai, comme esclaves, mais qu'il me répugnoit néanmoins d'y prendre part, et que je le priois de me dispenser d'aller écrire ce testament. Je lui parlai dans la crainte du Seigneur; il ne me fit point de réponse, et il s'en alla. Comme il étoit lui-même dans le cas de son frère, je crus lui avoir déplu. J'eus cependant une nouvelle preuve qu'en agissant d'une manière contraire à l'intérêt présent, par un motif de l'amour divin et par égard pour la vérité et pour la justice, on s'ouvre le chemin qui mène à un trésor plus précieux que l'argent, à une amitié bien plus précieuse que l'amitié des hommes. »

Dans quelques occasions qui suivirent, son opinion eut assez de poids pour procurer la liberté aux nègres, qui en étoient le sujet.

« Le scrupule que je ressentois de rédiger des actes où il s'agissoit de garder des esclaves ayant été la cause de différentes petites épreuves que j'essuyai, et dans lesquelles ma propre volonté fut sensiblement contredite, je crois qu'il est à propos de faire mention de quelques-unes. Les marchands et les détailleurs qui comptent sur leur débit pour vivre, sont naturellement portés à conserver leurs pratiques; d'ailleurs il est fort désagréable pour un jeune homme de se trouver en contradiction avec des gens d'un âge mûr, et de paroître douter de leur honnêteté, surtout s'ils jouissent d'une bonne réputation. Des coutumes profondément enracinées, quoique mauvaises, ne se changent pas aisément; mais il est du devoir de chacun de tenir ferme à ce qu'il sait être conforme à la justice. Un homme charitable et bienfaisant, maître d'un nègre dont il est sûr, peut, je crois, dans certaines circonstances, le garder dans sa maison comme domestique, sans autre motif toutefois que de faire le bien du nègre; mais l'homme, comme homme, ne sait pas ce qui sera après lui; il ne peut pas non plus être sûr que ses enfants atteignent à ce degré de sagesse et de bonté nécessaire pour user comme il faut du pouvoir qu'on leur donne sur la liberté d'autres hommes; ainsi il me paroît clair que je ne dois point prêter la main à des testaments où des enfants sont rendus maîtres absolus d'autres hommes pour toute leur vie.

Vers ce temps-là, en 1755, un homme d'un certain âge, très-estimé dans le voisinage, vint chez moi pour faire écrire son testament. Il avoit des négrillons : je lui demandai en particulier comment il se proposoit d'en disposer : il me le dit. Je ne puis, lui répondis-je, écrire ton testament sans troubler la paix de ma conscience, et je lui en détaillai les raisons d'une manière très-respectueuse. Il me dit qu'il auroit préféré que je l'eusse écrit; mais comme je ne pouvois pas sans blesser ma conscience, il n'insista pas, et il le fit écrire par une autre personne. Quelques années après, comme il y avoit eu de grands changements dans sa famille, il revint me trouver pour le même sujet. Ses nègres étoient encore jeunes, et son fils, à qui il avoit intention de les donner, étoit, depuis sa première visite, de libertin qu'il étoit, devenu un jeune homme fort rangé; et il crut qu'à cause de cela je ne ferois plus difficulté d'écrire son testament. Nous eûmes une longue conversation amicale à ce sujet, et l'affaire fut remise : peu de jours après il revint, et ordonna la mise en liberté de ses nègres; et alors j'écrivis son testament.

Vers le temps de la première visite de l'ami dont je viens de parler, un voisin reçut une forte contusion au corps, et m'envoya chercher pour le saigner; après quoi, il me demanda de lui écrire son testament. Je pris des notes; et entre autres choses, il me dit auquel de ses enfants il donnoit sa jeune négresse. Je considérai la peine qu'il souffroit, l'état où il étoit, et je ne savois pas comment il finiroit ; ainsi j'écrivis son testament, excepté l'article concernant son esclave. Je le portai au chevet de son lit, et le lui lus : alors je lui dis amicalement que je ne pouvois écrire aucun acte par lequel mes semblables fussent déclarés esclaves, sans mettre mon esprit mal à l'aise. J'ajoutai que je ne lui compterois rien pour ce que j'avois fait, mais que je le priois de me dispenser d'écrire l'autre partie comme il l'entendoit. Nous eûmes là-dessus une conférence sérieuse ; à la fin il consentit à donner la liberté à la négresse, et je finis son testament. »

Ses efforts dans cette cause ne se bornèrent pas à des conférences publiques ou particulières. Il écrivit des « *Considérations sur l'Esclavage des Nègres* » qui furent approuvées par la société des Amis, imprimées à ses dépens et distribuées parmi ses membres. Cet écrit fut suivi d'une seconde partie sur le même sujet. Dans plusieurs tournées qu'il fit ensuite, et dans toutes les occasions, surtout dans celles que lui procurèrent les assemblées pour la discipline, il ne cessa de s'élever contre cette oppression, et ses discours eurent toujours une nouvelle influence sur les esprits des membres de la société.

Les réflexions suivantes, écrites en 1757, tandis qu'il voyageoit parmi ceux qui avoient des esclaves, font voir d'une manière frappante les vues et les sentiments d'après lesquels il avoit coutume de raisonner dans ces occasions.

« Depuis le temps que je suis entré dans le Maryland, j'ai eu beaucoup de chagrin, et depuis peu ce chagrin a tellement augmenté, que mon esprit en étoit presque accablé. Je puis dire avec le psalmiste : « Dans ma détresse j'ai invoqué le Seigneur et j'ai crié vers mon Dieu, » qui, par une bonté infinie, a daigné voir mon affliction, et a envoyé le Consolateur dans ma retraite , lequel m'a donné du soulagement , grâce pour laquelle je bénis humblement son saint nom. Le sentiment que j'avois de l'état des Églises m'a accablé de douleur. « L'or me parut obscurci, et l'or le plus fin avoit perdu son éclat *. » Il me parut que l'esprit de ce monde ayant gagné le dessus, les âmes de plusieurs avoient été réduites à une sorte de désolation intérieure , et qu'au lieu de la douceur , de la bénignité et de la sagesse céleste, qui caractérisent nécessairement les vrais brebis du Christ , un esprit de fierté et l'amour de l'autorité dominoient trop généralement. Sur quelques erreurs, petites dans le commencement , il s'en élève par degrés de plus grandes , qui se fortifient de plus en plus d'âge en âge, par la concurrence générale du peuple , et comme ceux qui font profession de la vraie religion jouissent d'une bonne réputation, leurs vertus mêmes servent à entretenir l'erreur générale ; ceux qui se trouvent moins estimés disent ordinairement pour se justifier dans leurs pratiques, que tels et tels, qui sont des gens respectables, se conduisent de même. Par quel autre degré le peuple de Judas avoit-il pu parvenir à ce point de méchanceté qui fit dire avec raison au prophète Isaïe, au nom du Seigneur : « Il n'y en a point qui connoisse la justice; il n'y en a point qui recherche la vérité? » Pour quelle autre cause le Tout-Puissant dit-il de la grande cité de Jérusalem , un peu avant la captivité de Babylone : « Si vous pouvez trouver un homme, s'il y en a un qui connoisse la justice, qui recherche la vérité, je pardonnerai à la ville? » La vue d'une route tendante à la même dépravation, que notre con-

---

* Lam. iv, 1.

duite envers les nègres a ouverte dans quelques-
uns de ces nouveaux établissements de Maryland,
m'a abattu l'esprit dans cette tournée, et l'a profondément humilié. Quoique raconter briève-
ment comment ces pauvres gens sont traités
soit une tàche désagréable, cependant, après avoir
lu et relu souvent les notes que j'avois faites en
voyageant, mon esprit s'est trouvé engagé à les
conserver.

La plupart des blancs, dans ces provinces,
s'embarrassent peu ou même point des mariages
des nègres. Quand les nègres se marient à leur
manière, il y a des maîtres qui font si peu d'état
de ces mariages, que, pour satisfaire leur propre
intérêt, ils séparent les maris des femmes en les
vendant quelquefois à une grande distance, ce
qui arrive communément quand les biens d'un dé-
cédé sont vendus par les exécuteurs testamentaires.
Ces nègres, dont le travail est ordinairement
pénible, quand ils se rendent à leur ouvrage dans
les champs, sont suivis d'un comite, payé pour
cela et armé d'un fouet. La nourriture que reçoit
chacun d'eux pour une semaine consiste ordinairement en un seul *peck* de blé d'Inde, avec quelques
pommes de terre et du sel. Quant aux pommes de
terre, ils les cultivent communément eux-mêmes
les jours du sabbat du chrétien. La correction qu'on
leur donne, s'ils désobéissent à l'inspecteur ou
s'ils sont paresseux, est souvent fort dure et quelquefois terrible. Les hommes et les femmes, la
plupart du temps, ont à peine assez de hardes pour
cacher leur nudité. De petits garçons et de petites filles de 10 ou 12 ans vont souvent tout
nus parmi les enfants de leurs maîtres. Dans quelques endroits on prend la peine d'instruire ces négrillons et de leur apprendre à lire; mais dans
d'autres, ce devoir est tout à fait négligé, et même
désapprouvé.

Voilà le peuple dont le travail fait vivre en

grande partie les autres habitants, — dont les sueurs fournissent au luxe de leurs maîtres ! — Voilà le peuple qui n'a pas pris l'engagement de nous servir, et qui n'a rien fait (qu'on sache) pour être privé de sa liberté ! — Voilà des âmes pour lesquelles le Christ est mort ! — Et notre conduite envers ce peuple, il nous faudra en rendre compte devant celui qui ne fait acception de personne. Ceux qui savent qu'il n'y a qu'un seul vrai Dieu, et Jésus-Christ qu'il a envoyé; ceux qui par là connoissent l'esprit miséricordieux et bienfaisant de l'Évangile, y verront que l'indignation de Dieu s'allume contre l'oppression et la cruauté, et, en considérant l'état déplorable d'un peuple si nombreux, y trouveront un juste sujet de douleur. »

La Société des Amis, qui, dans l'origine, avoit trempé dans la pratique de l'esclavage, s'en est lavée depuis, comme on le sait, et a fini par se présenter en corps, pour agir comme l'ennemi le plus déterminé. Retournons maintenant aux vues de Jean Woolman sur d'autres sujets.

« Jusqu'à cette année, 1756, je continuai de détailler des marchandises, outre mon métier de tailleur que j'exerçois. Vers ce temps-là, je me sentis mal à mon aise, parce que mes affaires devenoient trop embarrassantes. J'avois commencé par vendre des garnitures d'habits, ensuite je me mis à vendre du drap et de la toile, et enfin, ayant monté un magasin considérable de marchandises, mon commerce augmenta chaque année, et j'étois sur la voie de faire encore de plus grandes affaires; mais je me sentis arrêté dans mon esprit.

Grâces aux bontés du Tout-Puissant, j'avois, jusqu'à un certain point, appris à être content d'une vie simple. Ma famille étoit peu considérable; et, en y réfléchissant sérieusement, je crus que la vérité ne demandoit pas que je m'engageasse trop avant dans des affaires compliquées; c'avoit été ma coutume, en général, de n'acheter et de ne vendre que des choses réellement utiles; celles qui servoient surtout à entretenir la vanité, je ne m'en occupois pas volontiers; cela m'arriva très-rarement; et quand je le fis, je me trouvai plus foible comme chrétien.

L'augmentation d'affaires me devint à charge; car, bien que mon inclination naturelle me portât au commerce, je crus que la vérité exigeoit de moi de vivre plus libre d'embarras extérieurs, de sorte que j'éprouvai dans mon esprit un combat entre les deux volontés; et, dans cette agitation, j'adressai mes prières au Seigneur, qui me fit la grâce de m'entendre et de me donner un cœur soumis à sa sainte volonté. Je diminuai donc mes affaires du dehors; et toutes les fois que j'en avois l'occasion, je faisois part de mon intention à mes pratiques, afin qu'elles pussent voir à quel autre marchand s'adresser; et en peu de temps je quittai tout à fait le commerce, me bornant à mon métier de tailleur, tout seul, et sans même prendre d'apprenti. J'avois aussi une pépinière de pommiers où j'employois une partie de mon temps à houer, greffer, écussonner et élever des arbres. Dans le commerce, la coutume de la ville où je demeurois est de vendre principalement à crédit, et souvent les pauvres gens font des dettes; quand le payement est dû, s'ils n'ont pas de quoi payer, leurs créanciers les poursuivent en justice. Ayant souvent vu des exemples de cette nature, je trouvai qu'il m'étoit plus avantageux de conseiller aux pauvres de ne prendre que les choses les plus utiles et les moins coûteuses.

A l'époque où je tenois boutique, j'eus occasion de voir qu'un usage trop libre de liqueurs spiritueuses, et l'habitude de porter des habits trop coûteux, entraînoient quelques personnes dans de grands embarras; et ces deux choses me parurent avoir souvent une sorte de connexion; car, en ne se bornant pas à l'usage des objets compatibles avec la justice universelle, il y a un surcroît de travail qui excède celui auquel notre Père céleste veut que nous nous appliquions. Le grand travail, accompagné quelquefois d'une sueur abondante, fait que ceux mêmes qui ne sont pas buveurs ont besoin d'avoir recours à quelques liqueurs pour ranimer leurs esprits; ainsi, soit qu'on en boive, comme quelques-uns, par plaisir, soit qu'on en prenne à raison d'un travail forcé, il se consomme chaque année dans nos colonies une quantité prodigieuse de rhum, dont la plus grande partie seroit inutile, si l'on se bornoit strictement à ce que demande la vraie sagesse.

Ceux qui prennent plaisir à sentir leur cerveau exalté par des liqueurs fortes, qui se livrent à la passion de boire au point de perdre la raison, de négliger leurs devoirs comme membres d'une famille ou de la société civile, et de mettre de côté tout respect pour la religion, sont assurément très à plaindre. Si ceux dont la vie est pour la plus grande partie régulière, et dont l'exemple a beaucoup d'influence sur l'esprit des autres, s'attachent à quelques coutumes qui entraînent puissamment à faire usage de liqueurs fortes au delà de ce que la vrai sagesse permet, on ne sauroit trop déplorer cette circonstance, en ce qu'elle empêche l'esprit de débonnaireté de se répandre, et que les buveurs de profession ne manquent pas de s'en prévaloir.

Comme dans tous ses degrés le luxe a plus ou moins de connexion avec le mal, ceux qui se donnent pour disciples du Christ, et que l'on regarde comme les conducteurs du peuple, devroient avoir en eux cet esprit qui étoit dans le Christ, et se tenir écartés de toute mauvaise voie, pour aider par là ceux qui sont plus foibles. Étant quelquefois très-fatigué de la chaleur, je buvois de quelque liqueur forte pour me refaire ; mais j'ai trouvé, par ma propre expérience, que l'esprit n'est pas alors aussi calme ni aussi bien disposé à méditer sur les choses d'en haut, que lorsqu'on évite ces excès. J'ai donc redoublé de soin pour me rendre attentif à cet Esprit saint qui met des bornes à nos désirs, et porte ceux qui le suivent fidèlement à appliquer tous les dons de la divine Providence à l'usage pour lequel elle les donne. Si ceux qui sont chargés de l'administration de grands biens écoutoient avec un cœur sincère les instructions de ce divin Maître, qui ouvre et agrandit l'esprit , afin que les hommes aiment leur prochain comme eux-mêmes, ils auroient la sagesse dont ils ont besoin pour éviter l'occasion d'employer une partie de leurs gens à leur procurer les objets de luxe, pendant que d'autres sont nécessairement accablés d'un travail pénible ; mais faute de faire une attention sérieuse à ce principe de l'amour divin , un esprit d'intérêt s'empare de leurs cœurs, et les ténèbres dont il est accompagné répandent de toutes parts la confusion. »

« Sur la fin de cette année (1764), ayant loué un homme pour travailler, je vis par sa conversation qu'il avoit servi comme soldat dans la dernière guerre sur le continent, et le soir, en me racontant qu'il avoit été pris par les Indiens, il me dit qu'il avoit vu deux de ses camarades mis à la torture de la manière la plus cruelle.

Ce récit me remplit de tristesse ; j'en étois encore accablé quand je me mis au lit ; et le lendemain matin à mon réveil, un vif sentiment de l'amour divin se répandit de nouveau dans mon esprit, et me fit entrevoir la nature de cette sagesse d'en haut qui porte l'homme à faire un bon usage de tous les dons spirituels et temporels, et en cela lui donne du contentement. Sous l'impression d'un tel sentiment, j'écrivis ce qui suit :

« Celui qui m'a donné l'être, une existence accompagnée de plusieurs besoins inconnus aux animaux, m'a-t-il doué d'une intelligence supérieure à la leur, m'a-t-il fait voir qu'une application modérée aux affaires est celle qui convient à ma condition présente, et que ce travail, accompagné de sa bénédiction, peut subvenir à tous les besoins extérieurs, tant qu'ils restent renfermés dans les bornes qu'il a prescrites, et que nul besoin imaginaire, provenant d'un malin esprit, ne doit trouver place en moi? O mon âme! sois donc attentive à cette pure sagesse; elle te conduira sûrement à travers les dangers sans nombre de ce monde.

L'orgueil ne porte-t-il pas à la vanité? La vanité n'engendre-t-elle pas des besoins imaginaires? Ces besoins n'excitent-ils pas les hommes à employer leur force pour faire faire à d'autres hommes ce dont eux-mêmes voudroient être dispensés, si on l'exigeoit d'eux? Ces procédés n'inspirent-ils pas des pensées dures? Les pensées dures, mûries par le temps, ne deviennent-elles pas méchanceté? La méchanceté, quand elle remplit les cœurs, n'inspire-t-elle pas la vengeance? Et à la fin, les hommes n'infligent-ils pas des peines terribles à leurs semblables, et ne répandent-ils pas la désolation dans le monde?

Quand le genre humain marche dans la droiture, les hommes ne prennent-ils pas plaisir à faire le bonheur les uns des autres? Et ces mêmes créatures, capables de cette perfection, en cédant à un esprit malin, emploient leur talent et leur force à se tourmenter, à se détruire les uns les autres! Souviens-toi donc, ô mon âme! de la tranquillité dont jouissent ceux que le Christ gouverne, et dans toutes tes démarches recherche-la. Ne condescend-il pas à te bénir de sa présence, à te donner le mouvement et la vie, à influer sur tes actions, à demeurer en toi et à marcher en toi? Souviens-toi donc de ta condition, en tant qu'être consacré à Dieu ; accepte la force qu'il t'offre librement, et prends garde de céder à aucune foiblesse, en te conformant à des coutumes dispendieuses, folles et cruelles. N'a-t-il pas choisi mon corps pour son temple, et ne daigne-t-il pas m'accorder de lui être consacré? Oh! que je puisse apprécier cette faveur, et que toute ma vie soit conforme à ce caractère! »

Dans l'année 1763, Jean Woolman fit un voyage où il essuya beaucoup de fatigue et courut bien des dangers. Il alla voir, conduit par l'amour de l'Évangile, les Indiens de Wehaloosing, établissement sur le Susquehannah, à deux cents milles de Philadelphie, lesquels étoient disposés à embrasser le christianisme. Il eut le bonheur de revenir en bonne santé auprès de sa famille, et il a laissé dans son journal un détail intéressant de tout ce qui lui est arrivé.

Après d'autres voyages sur le continent de l'Amérique, et une continuation de travail et de patience pour la cause de la vérité universelle et de la justice, il vint en 1772, avec l'approbation de ses amis, faire une visite religieuse à la société du nord de l'Angleterre. C'est là que le grand Maître qu'il s'étoit efforcé de servir fidèlement daigna l'appeler à lui, « ses reins ceints *, à ce qu'il paroît, et sa lampe allumée, » pour jouir de sa récompense éternelle.

Il n'est pas hors de propos de faire précéder les circonstances de sa mort de quelques réflexions qu'il écrivit peu de temps auparavant, sur son état, et sur ses travaux comme ministre de l'Évangile.

« Au sujet de cette visite en Angleterre, j'ai eu

---

* Luc. xii, 35.

gravées dans mon esprit quelques instructions que je crois devoir laisser par écrit, pour l'usage de ceux qui sont appelés à remplir le poste de ministre du Christ. Le Christ étant le prince de la paix, et n'étant rien nous-mêmes de plus que ministres, je trouve qu'il nous est nécessaire, non-seulement de sentir les influences de l'amour de l'Évangile, mais aussi d'en éprouver le renouvellement, quand on indique des assemblées.

En Amérique je sentis une forte impulsion avant de commencer ces voyages, et étant, par la miséricorde de Dieu, arrivé ici à bon port, mon cœur étoit plein, comme un vase fermé auquel il faut donner de l'air; et d'abord, pendant quelques semaines, quand j'ouvris la bouche dans les assemblées, j'éprouvois souvent en esprit ce qui arrive lorsqu'on lève la pale d'une écluse contre laquelle l'eau presse, et dans ces travaux il paroissoit y avoir des instructions qui s'attachoient à plusieurs personnes, surtout aux jeunes gens; mais quelquefois après cela je me sentois vide et pauvre, et cependant je sentois la nécessité d'indiquer des assemblées. Dans un tel état, j'étois accoutumé à m'en tenir à la vie pure de la vérité, et, dans tous mes travaux, de me garder avec soin des mouvements de l'amour-propre dans mon esprit.

J'ai senti fréquemment la nécessité de me tenir debout, quand la source de la doctrine paroissoit peu abondante, et de me renfermer, par conséquent, dans ce qui assujettit la volonté de l'homme; et en cela je m'unissois aux fidèles qui étoient pareillement dans les souffrances, et ces travaux, quoique mortifiants, me faisoient goûter une douceur intérieure.

Comme dans ces dispensations j'ai été constant à prêter une attention sérieuse au divin Conducteur, il s'en est suivi quelquefois un accroissement, et dans quelques assemblées la puissance de la vérité s'est élevée plus haut que je ne l'avois jamais observé auparavant par mon ministère.

Ainsi j'ai été de plus convaincu de la nécessité de compter, non sur l'impulsion que j'avois sentie en Amérique de venir visiter l'Angleterre, mais sur les instructions fraîches que d'un jour à l'autre je recevois du Christ, le prince de la paix.

Le don du ministère est pur, et quand l'œil ne considère pas autre chose, l'entendement se conserve clair; l'homme avec son amour-propre est mis de côté. Nous nous réjouissons de remplir ce qui reste des afflictions du Christ pour l'amour de son corps, c'est-à-dire de l'Église.

L'homme aime naturellement l'éloquence, et il y a beaucoup d'auditeurs que charment les discours brillants. Si l'on n'apporte pas une attention soigneuse au don, des gens qui ont autrefois travaillé dans le ministère pur de l'Évangile, fatigués de souffrir et honteux de paroître foibles, peuvent « allumer un feu, s'environner d'étincelles, et marcher à la lumière *, » non du Christ, qui est alors dans les souffrances, mais du feu qu'ils ont allumé en s'écartant du don ; et ceux des auditeurs qui ont quitté l'état débonnaire de souffrance pour embrasser la sagesse mondaine, peuvent se chauffer à ce feu et parler de ces travaux avec emphase. Celui qui est de Dieu amasse pour Dieu; mais celui qui est du monde est approuvé par le monde.

Dans ce voyage-ci un vœu m'a occupé l'esprit, c'est que les ministres, parmi nous, puissent persévérer dans cette vie débonnaire et compatissante qu'excite la vérité, où nous n'avons d'autre désir que de suivre le Christ et d'être avec lui, afin de souffrir avec lui quand il est dans les souffrances, et de ne jamais vouloir dominer que lorsqu'il nous élève; et il nous élève par la vertu de son esprit. »

Quelques jours après avoir écrit ces considéra-

____

* Isaïe, 1, 11.

tions, Jean Woolman, dans le cours de ses visites religieuses, vint à York où il tomba malade de la petite vérole. Les amis qui le soignoient conservèrent des minutes de ce qu'il eut occasion de dire dans le temps de sa maladie.

Premier jour : le 27 du 9e mois 1772, sa maladie parut être la petite vérole.

Second jour : il dit qu'il sentoit que le mal lui portoit à la tête, de sorte qu'il ne pouvoit penser à rien, pas plus qu'un enfant.

Troisième jour : il fit la prière suivante : O Seigneur, mon Dieu ! les horreurs effrayantes des ténèbres m'ont environné et entièrement couvert, et je ne voyois pas de chemin pour en sortir. J'ai considéré la profondeur et l'étendue de la misère de mes semblables qui se sont séparés de la divine harmonie; cela a été pour moi un fardeau que je ne saurois porter, et j'ai été accablé sous le poids; j'ai levé la main, j'ai tendu le bras; il n'y avoit personne pour me secourir ; j'ai regardé autour de moi, et dans ma surprise, au milieu de la misère, je me suis ressouvenu, ô Seigneur, que tu es tout-puissant, que je t'avois appelé mon Père : j'ai senti alors que je t'aimois, j'ai retrouvé la tranquillité en me soumettant à ta volonté, et j'ai attendu de toi ma délivrance : tu as eu pitié de moi, quand nul homme ne pouvoit m'aider ; j'ai vu que ton Fils nous a enseigné à être patients dans les souffrances, et nous en a donné l'exemple le plus touchant ; tu m'as appris à le suivre : j'ai dit : ô, mon Père, que ta volonté soit faite !

Quatrième jour au matin : on lui demanda comment il se trouvoit, il répondit affectueusement : Je ne me souviens pas d'avoir dormi cette nuit ; je sens que le mal augmente; mais, Dieu merci, mon esprit est dans un état de paix et de tranquillité. Quelque temps après, il dit : Je conçois que les agonies de la mort doivent être difficiles à supporter ; mais, si j'en réchappe aujourd'hui, il faudra que j'y passe dans un moment ou un autre, et je ne sais si je pourrai y être mieux préparé; au reste, je n'ai point de volonté à cet égard. Il dit ensuite qu'il avoit mis ordre à ses affaires comme il auroit pu le souhaiter, qu'il avoit pris congé de sa femme et de sa famille, comme ne devant jamais les revoir, les abandonnant à la divine protection, et il ajouta : Quoique dans ce moment j'éprouve envers eux la plus tendre affection, cependant je les quitte sans peine, dans la ferme espérance qu'ils ne seront point délaissés. Peu après il dit : Cette épreuve est devenue plus facile que je n'aurois pu le penser, ma volonté étant tout à fait résignée; car si j'eusse été inquiet de l'événement, elle auroit été plus rude; mais je ne le suis pas, et mon esprit jouit d'un calme parfait.

Dans la nuit, une jeune femme lui ayant donné quelque chose à boire, il lui dit : Mon enfant, tu parois bien bonne envers moi, qui ne suis qu'une pauvre créature; le Seigneur t'en récompensera; ensuite il s'écria dans une grande ferveur d'esprit : O mon Père! mon Père! et il répéta encore : ô mon Père! mon Père! combien tu consoles mon âme dans ce temps d'épreuve! On lui demanda s'il ne vouloit pas prendre un peu de nourriture; après une petite pause il répliqua : Mon enfant, je ne sais trop que dire à cela : il me semble que je suis près d'arriver au lieu où mon âme se reposera de toutes ses fatigues.

Après avoir donné quelque chose pour l'insérer dans un journal, il dit : Je crois que le Seigneur va maintenant me dispenser d'exercices de ce genre, et je ne vois plus qu'un ouvrage, qui sera le dernier que j'aurai à faire dans ce monde; le messager va venir qui me délivrera de tous ces embarras; mais il faut que ce soit dans le temps du Seigneur, après lequel j'attends. Il dit que les talents qui lui avoient été donnés, il les avoit employés à faire tout ce qui étoit exigé de lui, et que, dans le souvenir de ces travaux, il éprouvoit la paix de l'âme; que son esprit étoit jusqu'à présent demeuré fermement concentré dans l'amour éternel, quoique son mal fût de temps à autre violent, et lui enveloppât la tête comme un tourbillon; il ajouta : si Dieu daigne me conserver dans cet état de tranquillité d'âme, je ne demande ni ne désire rien de plus.

Dans la nuit du cinquième jour, ayant plusieurs fois consenti à prendre des médecines qu'on lui donna, dans la vue de lui débarrasser l'estomac, mais qui ne firent aucun effet, l'ami qui le soignoit dit, plein de chagrin : Qu'est-ce que je ferai à présent? Il répondit avec une grande tranquillité : Réjouis-toi pour toujours, et en toute chose rends grâces : ajoutant cependant peu après : c'est ce qu'il est quelquefois difficile d'obtenir.

Le matin du sixième jour il fit de bonne heure cette prière fervente : O Seigneur, c'est ton pouvoir qui m'a donné la force d'abandonner le péché dans ma jeunesse, et j'ai senti le châtiment que tu m'as infligé pour t'avoir désobéi; mais comme je me suis courbé sous ta verge, tu m'as guéri, et tu as continué de m'être un père et un ami : je sens aujourd'hui ton pouvoir, et te supplie, dans le moment décisif qui approche, de conserver mon cœur fermement attaché à toi.

Comme il donnoit ses ordres à une amie, concernant quelques petites choses, elle dit: J'aurai soin de cela; mais j'espère que tu vivras pour y mettre ordre toi-même. Il répliqua : Mon espérance est dans le Christ; et quoique je paroisse être un peu mieux, un changement dans la maladie peut bientôt arriver et mon peu de force s'anéantir; et si cela arrive, je serai envoyé dans mon repos éternel. Sur ce qu'elle dit qu'elle n'en doutoit pas, mais qu'elle ne pouvoit s'empêcher d'être affligée, en voyant tant de fidèles serviteurs enlevés dans un temps où la moisson est grande, et où il y a si peu d'ouvriers, il répliqua : Tout bien vient du Seigneur, dont le pouvoir est le même qui peut tout faire comme il lui plaira. Le même jour, comme il venoit de donner quelques ordres au sujet de la manière de l'ensevelir, apercevant une amie qui pleuroit, il dit : J'aimerois mieux, ma sœur, que tu voulusses te garder de pleurer pour moi ; car, pour moi, je ne suis point triste, quoique j'aie essuyé quelques combats pénibles ; mais à présent ils semblent passés, et mes affaires bien arrangées ; je regarde en face mon cher Rédempteur, car sa voix est douce et son aspect agréable.

Le premier jour de la semaine, le 4e du dixième mois, étant très-foible, et en général pouvant à peine se faire entendre, il prononça quelques paroles en commémoration de la bonté du Seigneur, et ajouta : Que j'ai été tendrement soigné dans ce temps d'affliction, où je puis dire avec Job : « Des jours d'ennui et des nuits de fatigue sont mon partage : » combien de gens perdent leur temps et dépensent en choses vaines et superflues leur argent, dont on pourroit assister des milliers de malheureux qui manquent du nécessaire, et adoucir en quelque sorte leurs maux dans un temps tel que celui-ci, en leur administrant les remèdes convenables !

Le matin du second jour, en présence du pharmacien, qui paroissoit désirer beaucoup de le soulager, il fit plusieurs questions au sujet de la probabilité qu'il pouvoit y avoir qu'un corps foible évacuât un tel volume de matière ; le pharmacien faisant quelques remarques qui donnoient à entendre que la chose étoit possible, il parla d'une voix haute et dit : Ma confiance est dans le Seigneur Jésus qui, je crois, me pardonnera mes péchés, ce qui est tout ce que j'espère. Si c'est sa volonté de remettre ce corps sur pied, j'en suis content ; s'il faut mourir, j'y suis résigné ; et si tu ne peux pas être tranquille sans essayer d'assister la nature,

je m'y soumets. Après quoi sa gorge fut si fort affec-
tée, qu'il ne pouvoit parler que très-difficilement de
manière à se faire entendre, et quand il avoit besoin
de quelque chose, il étoit souvent obligé de l'écrire.
Le quatrième jour, sur les deux heures du matin,
il demanda une plume et de l'encre, et, à plusieurs
reprises, il écrivit avec beaucoup de peine : Je crois
qu'il est dans la sagesse du Christ que je sois ici :
quant à la vie ou à la mort, je n'en sais rien.

Le même matin, à six heures moins un quart, il
parut tomber dans un sommeil paisible, qui con-
tinua environ une demi-heure ; puis, paroissant
s'éveiller, il respira quelques minutes avec plus
de difficulté, et expira sans soupirs, sans agonie
et sans effort.

Telle fut la fin de JEAN WOOLMAN. Il mourut
dans la cinquante-deuxième année de son âge, ayant
occupé, un peu plus de trente ans, le poste de
ministre dans la société religieuse où il avoit été,
sans contredit, l'instrument de beaucoup de bien.
Ce qu'il fut, il l'étoit par la grâce de Dieu. A présent, lecteur, retournons à ses commencements, et
explorons, comme nous nous le proposions, le sen-
tier qui le conduisit à faire les œuvres du chrétien
et à recevoir les récompenses de son dévouement
au Christ. Nous voyons donc, d'abord, que, dans
ses plus tendres années, il fut visité par l'amour
divin, et que, par l'invitation secrète du Verbe,
contenue aux saintes Écritures, il aspira à une
grande pureté de cœur et de conduite. Nous trouvons que ces bons désirs, fruits de la grâce, furent
entretenus par les soins de parents pieux et par
leurs instructions données à propos, tandis que
les inclinations contraires, qui tendoient au mal,
étoient réprimandées, soit par son cœur même,
soit de la part d'autrui.

Nous le considérons ensuite, grandissant et attei-
gnant l'âge viril, sous la discipline de la croix du

Christ; souvent tenté et cédant aux vanités de la jeunesse, mais aussi souvent revisité et remis dans le droit chemin par l'esprit de la grâce. Enfin, sa propre volonté étant assujettie à celle de Dieu, il jouit d'une paix intérieure, et ses principes religieux se forment sous l'influence de « cette Sagesse d'en haut, qui, étant premièrement pure, puis amie de la paix, modérée, traitable, sans partialité et sans hypocrisie, est pleine de miséricorde et de bons fruits. » Enfin (et c'est ce qu'il faut surtout remarquer), nous le trouvons, depuis le commencement jusqu'à la fin, dans l'exercice fréquent de la prière, se retirant dans quelque lieu solitaire quand il étoit oppressé par un sentiment de la corruption de sa nature; là, confessant à Dieu ses péchés, et implorant humblement son secours pour pouvoir les abandonner. Il en obtient la force, et alors se tient ferme, — non en comptant sur lui-même ou sur les talents qu'il possède comme homme, mais en ne mettant sa confiance que dans la miséricorde du Seigneur Jésus-Christ, à la volonté et à la sagesse duquel il rapporte tout jusque dans ses derniers moments.

Lecteur, es-tu de même convaincu de la pureté du royaume du Christ et de la corruption de ton propre cœur? Va, et fais de même. Confesse tes péchés à Dieu, et prie-le, autant que tu y seras porté, et que tu en seras rendu capable par l'Esprit de son Fils Jésus-Christ. Alors il fera pour toi ce qu'il a fait pour son serviteur Jean Woolman; — Oui, « quand tes péchés seroient comme l'écarlate, ils deviendront blancs comme la neige; et quand ils seroient rouges comme le vermillon, ils deviendront blancs comme la laine. »

FIN.

9 782019 712563